Стихи
Киры Власовой
Poems of Kira Vlasova

Содержание

Для детей 2
О природе 5
Ностальгия 10
О жизни и любви 14

ДЛЯ ДЕТЕЙ

СОЛНЕЧНЫЙ ЛУЧ

Солнечный луч пробежал по стене,
Солнечный луч задержался на мне.
Вдруг показалось, что кто-то немножко
Погладил меня очень теплой ладошкой.

***

ДЕЛЬФИНЫ

Рассекая морские глубины
К человеку плывут дельфины.
Веселы и игривы, как дети -
Мне дельфины запомнились этим.

***

ЛЬДИНКА

Под ногами льдинки, льдинки –
Любовался блеском их.
Одну льдинку взял в ладошку,
Подержал ее немножко…
Что сказать про льдинку эту?
Вот она была и нету.

***

ТЕАТР

Как-то с мамой в воскресенье
Мы пошли в театр.
Там смотрели представленье:
Куклы, всем на удивленье,
И смеялись, и грустили,
И, как люди, говорили.
Танцы, музыка и песни –
Что найдете интересней?

***

МУРАВЕЙ

Муравей – полезный очень:
Муравей взрыхляет почву,
Муравей – защитник леса,
Хоть и мал, но интересен.
По проторенным дорожкам
Целый день мелькают ножки:
Тащит груз в свой муравейник –
Он трудяга, не бездельник.

***

РУЧЕЙ

На опушке, меж стеблей,
Бежит серебряный ручей.
Журчит, звенит, не унывает,
К себе прохладой зазывает.

***

ГРАЧИ

Землю лаской обогрели
Солнышка лучи.
Снова с юга прилетели
Шумные грачи.
По полям шагают важно,
Весело кричат.
Скоро в гнездах будет слышен
Звонкий писк грачат.

***

ПОДСНЕЖНИК

Едва растает снег последний,
В лесу, так скромно притаясь,
Цветок выглядывает нежный,
Головкой к солнцу наклонясь.
Цветок подснежником зовется,
Чудесный свет с пригорка льется.
И щебет птичий раздается:
Весна пришла! Весна пришла

О ПРИРОДЕ

ЗИМНИЙ ЛЕС

Люблю я лес с его загадками и тайнами,

Но сколько ни живи: все их не разгадать.

Люблю я лес и шумным и печальным,

Но настроение его не каждому узнать.

Величественным, гордым и прекрасным

Бывает лес зимой.

И царствуют в лесу всю зиму

Безмолвье, сказка и покой.

Красавица - зима добра не пожалела,

С лихвой отдав дары, которые имела,

Одела лес со вкусом серебром.

И успокоилася только лишь потом.

***

ВЕСНА В ЛЕСУ

Весна сняла зимы оковы.

Проснулся лес от зимних грез,

И запах ландышей душистых

Весенний ветер нам принес.

Все звонче слышен птичий гомон,

Листвы все слаще аромат.

Весь воздух леса жизни полон.

И человек в лесу – богат!

***

ЗИМА

Разукрасила нежным узором

Стекла в окнах домов, а березки

Нарядила в сверкающий иней.

И стоят они, будто невесты.

А лохматые ели на ветках

Еле держат наряд свой пушистый.

Все сверкает и в блестках искрится,

И ковер под ногами – в алмазах!

Как крылом белоснежным махнула,

Озарив все сиянием светлым!

Закружила в рождественском вальсе

Зима снежная – русское чудо!

***

СИЛА ЗЕМЛИ

Уставшая от шума городского,

От суеты и мелочных забот,

Вхожу я в лес, чтобы в тиши зеленой

Набраться сил, уйдя от всех хлопот.

Упав в траву, вдохну еловый запах,

Прижмусь к земле надежной и родной,

Скажу, как матери, ей все свои печали,

Взгляну в глаза цветов,

Напьюсь воды живой.

И оживу… И будет мне казаться,

Что птицей я взлетаю в облака,

Что жизнь-то, в сущности прекрасна.

И движет мной вперед

Родной земли рука.

***

ОСЕНЬ В САДУ

Иду я тропинкою сада,

Любуюсь осенней расцветкой.

О Боже! Сколь щедра природа,

Что так украсила ветки!

Во всем здесь гармония красок,

Оттенков и нежного света –

Произведенье искусства,

Допинг любого поэта!

В ковер из опавших листьев

Падают яблоки спелые,

Из-за куста смородины

Астры глядят нежно-белые.

В природе все так продумано...

Ищет душа здесь приюта

От множества дел надуманных,

От сытости и уюта.

***

СВЕТЛОЯР

На этом озере такая благодать!

Тут рыбы плещутся и родники играют.

Вода – прозрачная. И Божий Храм видать,

И здесь душа блаженно отдыхает.

Стремимся мы к источникам святым,

Чтобы воскреснуть и душой, и телом,

И вдохновенье в сердце унести

От мест намоленных на долгие недели.

На ключ тропа лесная приведет,

Где грудь перекрестив, мы пьем водицу.

И в роднике купаемся святом,

И оставляем здесь себя частицу.

***

О РОДИНЕ

Рыжая осень вбежала к нам радостно,

Яркого солнца тепло принесла,

Бросила щедро нам под ноги яблоки,

Гроздья рябины в венки заплела.

Желтых подсолнухов шапки высокие

В поле бескрайнем под солнцем стоят,

Хлебных колосьев снопы пушистые

С ветром тихонько о чем-то шуршат.

Милую сердцу родную сторонушку

Мне не забыть.

Буду всегда ее – доброю, светлую

В сердце хранить.

В белых березках крестьянские избы

Хочется взглядом обнять:

Чистые чувства во мне пробуждаешь ты –

Родина – мать!

НОСТАЛЬГИЯ

МОЯ РОДИНА

Когда произношу я слово «Родина»,
Я слышу шум лесов и шепот трав.
Я вижу поле, где волною рожь колосится
В охапках васильков и в зелени дубрав,
Ширь неба – голубую, необъятную,
И пенье птиц, и свежесть родников.
Ведь жизнь – такая добрая, приятная,
В ней дом родительский и голос стариков.

***

ВОСПОМИНАНИЯ

Дом в деревне под ветхою крышей –
Здесь старушки шаги я слышу.
Хлопотуньи, любимой бабушки…
До сих пор ее помню оладушки,
Каравай душистого хлеба,
Да приволье синего неба.
Щедрость рук ее вспомню не раз,

И наивность округлых глаз,

И, по-детски, задорный смех...

Как любила она нас всех!

В ореоле светлых теней:

Вереница близких людей.

Всех, кого никогда не увижу,

Но кого я помню и слышу:

Голос мамочки милой опять

Будет тихо из детства звать...

Мне прижаться к ним снова хочется,

Только дней череда не воротится.

И теперь лишь во сне мне видятся

Дорогие, любимые лица.

***

ДЕТСТВО

Детство, юность - прекрасные годы…

В них вхожу, как в открытую дверцу.

Не зальют дожди непогоды

Память жизни, приятную сердцу:

С палисадником домик старый,

Георгинов кусты под окошком.

Вкусно пахнут цветы и травы,

И лежит на завалинке кошка.

На полу – половик домотканый.

В доме – чисто, и пахнет хлебом.

В огороде топится банька,

И алеет вишня под небом.

И такое охватит счастье –

Ничего другого не надо.

Здесь все есть: тепло, и участье,

И любимая бабушка рядом.

***

БЛАГОДАРЮ

Благодарю вас, годы молодые

За жаркость лет, за снежность зим,

За васильковые букеты,

За то, что повстречалась с Ним.

За дым костра, за смех задорный,

За песни юности моей,

За беззаботную веселость,

За поцелуи у дверей.

За соловьиные рассветы,

За вкус сирени на губах,

За платье белое с фатою,

За детский смех в моих стенах.

О ЖИЗНИ И ЛЮБВИ

ЛЮБОВЬ

Тебя могу сравнить с таинственной звездой,

С чистейшим родником с хрустальною водой,

С полетом птицы в синих небесах,

С цветком весенним в сказочных горах.

Ты – божество, ты – яркий лунный свет,

Ты – музыка, конца которой нет.

***

НИ О ЧЕМ...

Солнышко ласкает мою кожу.

Этот день на сотни дней похожий.

Хорошо лежать сейчас на пляже,

Или мечтать, или не думать даже.

Но лучше думать: о большой Вселенной,

О том, что все мы в этом мире тленны.

Что жизнь идет, сменяя время года,

Что происходит продолженье рода,

Что звезды зажигаются в ночи,

Что сердце мое все еще стучит...

А, впрочем, я о чем это? Не знаю...

Просто солнышко ласкает мою кожу,

Этот день на сотни дней похожий.

***

ПРЕДНАЗНАЧЕНИЕ

Я б ласточкой взлетала в небо,

Дождем весенним пролилась,

Я б радугой раскинулась над полем,

Росою чистой на цветке зажглась.

Я б бабочкой летала и кружилась,

Я б ветерком прохладным в зной была…

Но почему-то девочкой родилась,

И жизнь другой, такой же девочке дала.

***

СЫНУ

Чепчик – в утятках,

Штанишки – в цветочек,

Глазки – как капли росы.

Носик - курносик, губки смеются –

Это любимый мой сын.

***

НЕ СПЕШИ ВЗРОСЛЕТЬ

Меня трогает снова и снова
Чистота твоей детской души,
Мой любимый сынок, сыночек
Не спеши взрослеть, не спеши.
Дай еще насладиться радостью,
Что дарить можешь ты один.
Будь подольше моею слабостью.
Мой заботливый мальчик – сын.
Мне нужны твои школьные новости,
Нужен звонкий задорный смех.
Разбегаются все мои горести,
Все становится – лучше всех!
Мы решаем примеры сложные,
Учим жизнь фараона, как должное,
Без уроков твоих невозможно мне,
Как прожить без тебя невозможно.

***

ДОЧКЕ

Вот и выросла доченька милая:
Стала статная и красивая.
Льются золотом светлые волосы –
Восемнадцать уж минуло весен.
Как все дети, росла незаметно
Материнской любовью согрета.
Первый шаг, первый слог, первый зубик,
Первый, правильно сложенный, кубик.

Куклы, песни, скакалки, игрушки,
И забавные дети - подружки,
И каникулы школьного лета...
Как давно уже было все это.
А сейчас пью шампанское, стоя
За успехи твои и здоровье.
Будь счастливою, доченька милая,
Моя чистая и правдивая.

***

ИДУ К ТЕБЕ

(Посвящается лучшей подруге)

Я иду к тебе с весельем,
Я иду к тебе с печалью.
Ты беду мою закроешь
Добротою, как вуалью.
Подберешь слова такие,
Чтоб глаза зажглись задором.
Грусть – тоску мою прогонишь,
Жизнь раскрасишь, как узором.
И тебе порой несладко,
Мы всплакнем с тобой украдкой.
Мы понять друг-друга сможем –
Этим мы себе поможем,
Ты золовка и подружка,
И сестренка – хохотушка.
Многим я тебе обязана,
Мы навеки дружбой связаны.

***

МАМА

Мама! Какое короткое слово!
А я вспоминать буду снова и снова
Родное лицо и открытый взгляд…
Вернуть бы сейчас то время назад,
Когда ты была так близко, так рядом.
Мне видеть тебя постоянно надо,
И гладить рукою седые волосы.

Убрать бы из жизни черные полосы,
Чтоб было тебе светло и спокойно,
Чтоб встретила старость свою ты достойно.
Чтоб добрые души к тебе повернулись,
Чтоб грязные руки тебя не коснулись.
Пусть даже осудит тебя кто поныне,
Всегда для меня ты будешь – святыней!

***

УСТАЛА

Я устала от лязга и грохота,
Я устала от крика и шепота,
Грудью воздух вдыхать загазованный,
В цепи времени быть закованной.
Видеть хамство и зло, быть зависимой,
И смятеньем своим быть униженной.
За судьбою иду встревоженно,
Полагаясь на силу Божию.
Дождь по окнам стучит безжалостно,
Но под ливнем его мне радостно,
Дождь несет чистоту и прозрение.
Очищение душ, омовение.

***

НЕЛЮБИМАЯ

Я тобою забыта, заброшена –
Нелюбимая, нехорошая.
Я не радость твоя изначальная,
А печаль твоя обручальная.
Горько маяться с нелюбимою.
Лучше ветром быть ночью длинною,
Быть свободным, в любви – отчаянным,
Чем ходить с женой опечаленным.
В лес пойду, прислонюсь к дубу сильному,
С ним, как с милым, сольюсь воедино я,
И заплачу – я женщина слабая.
Пусть дуб силы мне даст, Он - судьба моя.

***

МЫ С ТОБОЙ

Мы с тобой перед Богом не венчаны.
И расстаться нам – дело нетрудное.
Но кружит нас по жизни вечное
Колесо круговерти нудное.
Дни проходят, сменяя друг друга,
Накопив много злости и ярости,
Но опять все несется по кругу,
Добавляя все больше нам слабости.
Мы любовью уже не связаны,
Мне понятно все это разумом.

И слова все друг другу сказаны.

За измену, за ложь мы наказаны.

Сколько было тепла и надежды!

А теперь... все уже не как прежде:

Ни любви, ни мечты не осталось,

Лишь усталость... Седая усталость.

Не даришь мне цветов в день рождения,

И не смотришь влюбленным взглядом.

Подари мне тогда забвение

От тебя, идущего рядом.

***

УСТАВШАЯ ЛЮБОВЬ

Жизнь протянулась от рассвета до заката,

Как в поле длинная и травная межа.

Любовь, в который раз, восставшая из пепла,

Бредет усталая, нас за руки держа.

***

ПРОЩАЙ, ЛЮБОВЬ!

Уставшая любовь платком прощально машет.

Ее последний свет еще хранит тепло

Твоих неверных губ и твоего дыханья,

Но счастье, как вода, сквозь пальцы утекло.

Еще твои шаги слышны в воображеньи.

И голос твой – такой далекий и родной.

И плачет, ноет сердце в тоскливом упоеньи –

Оно сейчас одно, а было два в одном.

Мне б чайкою лететь по солнечному свету,

Но крылья обожгло огнем твоих измен.

Теперь плетусь, как странник, пока не справясь с этим.

Ведь было в жизни все: пыл, жар, огонь, любовь –

Остался только тлен.

***

КАК ЖАЛЬ

Боже мой! Как жаль, что так случилось!

Тлеют угли от моей любви,

А когда-то птицей счастье билось

В предрассветных сумерках зари.

Сердце! Не кричи. Уже не больно

Плоть его с моею разорвать.

Я дышу, живу теперь спокойно,

Только вряд ли буду вновь мечтать.

Все нормально, раны затянулись.

Жизнь идет вперед, цветут сады.

Будто б ничего и не случилось,

Все обычно, трения судьбы.

Только часто вижу в снах нас вместе,

И моя рука в его руке лежит,

Словно незаконченная песня,

Память прошлых лет меня кружит.

В сумраке рябины гроздья рдеют.

В кружеве листвы укрою я

Прошлое – оно еще живет и греет:

Там была любовь, а в ней – душа моя!

***

ЗНАКИ СУДЬБЫ

Был май, весна. И было все в цвету.

Кружились пчелы, птицы пели.

И вдруг на эту красоту

Снег выпал, и мороз, метели...

И в этот год с тобой расстались мы:

На долгих восемь лет была разлука.

Был свет не мил, и ныло все в груди.

И вечною казалась эта мука.

Потом, когда утихла эта боль,

Пришли покой и радость в мою душу.

Нас свел Господь опять с тобой.

И сделал так, чтоб мы его послушались.

И снова подал знак: с небес на озеро

Три радуги раскинулись в цвету,

Сквозь теплый дождь светило солнышко

И освещало эту красоту.

Стихи Киры Власовой. Poems of Kira Vlasova.
1-е издание. 1st edition:
24p.; 5 x 8 (203 x 127 mm)
ISBN: 978-1-734237849
1. POETRY / Russian & Former Soviet Union

ПЕРВОЕ ИЗДАНИЕ. FIRST EDITION.
IngramSpark, USA, March, 2020

ИЗДАТЕЛЬ. PUBLISHER: photravel
partner.photravel@gmail.com

ВЕРСТКА И ДИЗАЙН. EDITORIAL
COORDINATION: Vera Krivenkova

COPYRIGHTS:
© 2020 Author Kira Vlasova
Все права защищены.
All rights reserved.

www.ingramcontent.com/pod-product-compliance
Lightning Source LLC
Chambersburg PA
CBHW052112200426
43209CB00056B/1567